# CHINA
## IM WANDEL

# CHINA
## IM WANDEL

MICHAEL WOLF

HARALD MAASS

FREDERKING & THALER

Mein Dank gilt dem »Stern«,

der sehr großzügig meine Arbeit in China

unterstützt und in dessen Auftrag viele

der Bilder in diesem Buch entstanden sind.

Außerdem: Ohne den Rat und die Hilfe

des chinesischen Fotografen Li Yu Xian

wären viele der abgebildeten Orte

meinen Augen verborgen geblieben.

*Michael Wolf*

# INHALT

EINLEITUNG — 8
Stimmen aus der Steinspatzgasse

SHAANXI — 22
Revolution unter der Erde

SHANXI — 44
Die Mauer von Pingyao

PORTRÄTS I — 58
Chinesische Generationen

ANHUI — 72
Die stillen Dörfer

CHUNJIE — 88
Wenn die Schlange
den Drachen verjagt

ZHEJIANG — 94
Das Himmelsland

ZANGLI — 108
Tod in Weiß

YUNNAN — 120
Südlich der Wolken

FUJIAN — 138
Das Leben ist ein Kreis

PORTRÄTS II — 170
Menzius und McDonald's

EPILOG — 184
China im Wandel

EINLEITUNG

*Vorangehende Seite:*

*Eine alte Bäuerin hat in ihrem Wohnzimmer das Poster eines Popstars und alte Fotos aufgehängt (Provinz Fujian).*

Zum Frühstück bevorzugen Chinesen warme Gerichte, wie hier ein Bauer in der Provinz Shanxi, der vor seinem Haus TANG MIAN, Nudelsuppe, isst.

EINLEITUNG

# STIMMEN AUS DER STEINSPATZGASSE

Ich habe ihr Gesicht nie gesehen, nur ihre Stimme kenne ich. Eine zarte, melodische Frauenstimme. Jeden Morgen ruft sie die gleichen Worte durch unsere Gasse: »Mai dou jiang!« – »Kauft Sojamilch!« Im Sommer hört man sie früh morgens durch das Vogelgezwitscher der Pekinger Altstadt. Im Winter, wenn es draußen noch dunkel ist, hallen die Worte der Straßenverkäuferin in den grauen Mauern der Hofhäuser: »Kauft Sojamilch!« Zwei Mal ruft sie es, dann zieht sie weiter in die nächste Gasse. In all den Jahren habe ich die Frau nie gesehen. Doch jeden Morgen weckt mich ihr Ruf aus dem Schlaf. Bald darauf höre ich die anderen Stimmen. Den tiefen Bass des Mantou-Verkäufers, der in großen Bambuskörben Hefeknödel durch die Gasse trägt. Die Frau mit den youtiao, den frittierten Teigtaschen. Langsam erwacht unsere Straße zu einem neuen Tag.

Die fliegenden Händler sind charakteristisch für die Pekinger Altstadtviertel. In den Gassen und Hinterhöfen erkennen die Bewohner die Händler an ihren Rufen. Den Altpapiereinsammler, der jeden Nachmittag mit großen Jutesäcken durch die Straßen zieht. Die Kohlehändler, ihre Gesichter schwarz vom Ruß. Die Gemischtwarenhändler. Im Herbst verkaufen sie dicke Decken aus Baumwolle, im Sommer bunte Waschschüsseln aus Emaille. Auf klapprigen Transportfahrrädern schieben die Händler ihre Waren durch die Gassen. Nebenbei erzählen sie den Klatsch und Neuigkeiten aus der Nachbarschaft. Wenn es irgendwo einen Ehestreit gab. Wenn jemand auszieht oder wieder eine alte Gasse abgerissen werden soll. Es sind die Geschichten der Pekinger Altstadt.

Abseits der großen Boulevards und Paradeplätze, versteckt hinter den verspiegelten Hochhäusern des Wirtschaftsaufschwungs und den staubig grauen Mietskasernen des Maoismus, liegt bis heute ein anderes, geheimnisvolles Peking. Hutongs nennen die Pekinger ihre alten Gassen. Nur selten verirren sich Touristen in die von außen schäbigen Wohnviertel. »Po!« – dreckig und heruntergekommen seien die Hutongs, sagen die Pekinger und führen die ausländischen Geschäftsleute lieber in die prächtigen Bürotürme im Osten der Stadt. Peking soll modern werden, eine glänzende Hauptstadt für ein mächtiges China. Kaum eine Woche vergeht, in der nicht wieder ein Hutong niedergerissen wird, um Platz für ein modernes Wohnviertel zu schaffen. Zurück bleibt ein Haufen Schutt, aus dem manchmal ein Drachenkopf aus Stein oder ein geschnitzter Türbalken herausschaut. Erinnerungen an ein verschwindendes China.

Die Hutongs waren einst die Seele der chinesischen Hauptstadt, das Zentrum des Reiches der Mitte. Kaiserliche Beamte, Händler, Offiziere und Künstler lebten in den Gassen um die Verbotene Stadt, den Sitz des Kaiserpalastes. Einem Gesetz des Hofes zufolge musste jeder Hutong mindestens »zwei Wagenachsen« breit sein. Eine zweite Regel lautete, dass kein

*Ein alter Steinlöwe als Torwärter. In der Kulturrevolution schlugen die Rotgardisten den Steinfiguren (men dian) die Gesichter weg (Provinz Yunnan).*

Holzschnitzereien aus der Kaiserzeit. Eine blinde Frau lehnt sich an ihre Hauswand, die noch aus der Qing-Dynastie stammt, der letzten Dynastie vor der Gründung der Republik China (Provinz Yunnan).

Nur noch ganz alte Frauen haben sie: XIAO JIAO, »gebundene Füße«. In der Kaiserzeit waren kleine Füße ein wichtiges Schönheitsmerkmal von Frauen (Provinz Yunnan).

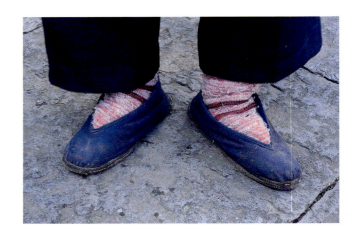

EINLEITUNG

Von der Plakatwand in einem Wohnhaus blicken Chinas alte und neue Helden: Popstars und reitende Soldaten der Volksbefreiungsarmee (Provinz Anhui).

Wohnhaus höher sein durfte als der Thron des Kaisers. 3000 Hutongs soll es heute in der chinesischen Hauptstadt noch geben, die genaue Zahl kennt niemand. »So viele wie Ochsenhaar«, sagen die Einwohner. Ein Gewirr aus Wohnvierteln, Märkten und Handwerksbetrieben. Orte, an denen Frauen in Holzbuden statt der westlichen Coca Cola noch die alte Jianlibao-Brause verkaufen. An denen die Männer im Sommer die Stoffhosen bis zum Oberschenkel hochkrempeln. Auf kleinen Holzhockern sitzt man dann nachts vor der Tür in der Gasse. Die Männer trinken billiges Yanjing-Bier aus Flaschen. Die Zeit scheint stehen zu bleiben, und für einen Moment ist Peking wieder so, wie es vor langer Zeit einmal entworfen wurde. Eine Kaiserstadt.

Vor rund 700 Jahren wurde Peking wie ein Schachbrett angelegt, geändert hat sich an dieser Form bis heute nichts. Schnurgerade verlaufen die großen Straßen und die Hutongs, die dazwischen liegen, von Westen nach Osten und von Norden nach Süden. Kaum sonst wo auf der Welt können sich die Menschen so einfach orientieren. Um Fußgänger zu warnen, riefen die Rikscha-Männer früher an den Kreuzungen »QU XI!«, »nach Westen«, oder »QU DONG!«, »nach Osten!«. Und wenn sich nachts im Bett ein altes Weib von ihrem Mann eingequetscht fühlte, flüsterte sie: »Dreh dich doch ein bisschen nach Süden.«

Die Hutongs teilen die Stadt in unzählige kleine und große Rechtecke. Einige der Gassen sind über einen Kilometer

*Überbleibsel aus der Vergangenheit: Ein kunstvoll geschnitzter Dachträger aus der Qing-Kaiserzeit zwischen Spinnweben und Elektrokabeln (Provinz Zhejiang).*

lang, andere nur ein paar Schritte kurz. Einige sind so schmal, dass man gerade noch durchlaufen kann, in anderen fahren Autos. Die Hutongs sind Pekings Stadtkarte und Geschichtsbuch. Manche ihrer Namen sind nur einfache Ortsangaben, wie die Dongdan Santiao – die Dritte Nebengasse der Dongdan-Straße. Manche erzählen von dem Gewerbe, dem die Menschen hier einst nachgingen. In der Ledergasse (Piku Hutong) und der Feuerholzstraße (Xixinsi Hutong) lagerten einst die Vorräte des Kaiserpalastes. Während der Kulturrevolution wurden manche Hutongs mit kommunistischen Propagandanamen versehen. Da hießen die Gassen plötzlich »Für immer Rot« (Hong Daodi), »Rote Richtlinie« (Hong Xian) oder »Hauptleitlinie« (Zhongli Xian). Die meisten Hutongs behielten jedoch ihre alten Namen und erzählen die Geschichten von Menschen, deren Schicksale längst vergessen sind. Welche Abenteuer hatte die Mittelfrau Shi wohl erlebt, ehe man eine Gasse nach ihr benannte: Shi Laoniang Hutong? Was musste einer anstellen, ehe seine Straße als Dayaba Hutong bekannt wurde – als Riesendummkopf-Hutong? »Wer die Geschichten Pekings hören möchte«, schrieb der chinesische Dichter Lao She, »muss in die Hutongs gehen.«

Ich wohne im »Shique Hutong«, der Steinspatzgasse. Eine schmale, mit Pappeln gesäumte Straße. Die Mauern der ebenerdigen Häuser sind mausgrau, die Tore zu den Hofhäusern in ausgeblichenem Rot. Es ist eine ärmliche Gasse, an den meisten Häusern blättert die Farbe ab. In der Mitte

gibt es einen kleinen Gemischtwarenladen. Er ist gerade so groß, dass der dicke Wang mit seinem Hund gemeinsam Fernsehen schauen kann. Vor ein paar Jahren hat das Straßenkomitee eine Tischtennisplatte aus Stein in unserer Gasse aufgebaut. Direkt daneben befindet sich die öffentliche Toilette. An der Wand gegenüber hängt eine Propagandatafel des lokalen Parteikomitees. »Liebt das chinesische Vaterland! Liebt Peking!«, steht darauf in verwitterter Schönschrift. Eine Gasse wie Hunderte andere in der chinesischen Hauptstadt. Und doch erzählt sie ihre eigene Geschichte.

Es war im Spätsommer des Jahres 1968. In China tobte damals die von Mao Zedong entfesselte Kulturrevolution; auf der Jagd nach allem Bürgerlichen stürmten jugendliche Rotgardisten durch das Land. Wie überall in Peking hatte sich auch in der Steinspatzgasse ein Straßenrevolutionskomitee gegründet. Gemeinsam marschierten die Mitglieder von Haus zu Haus, um dem Sozialismus auch dieser kleinen Gasse Genüge zu leisten. Die großzügig angelegten Hofhäuser wurden beschlagnahmt und die Räume an Kader- und Soldatenfamilien verteilt. Chinas Volk brauchte Platz, und so wurde nicht lange diskutiert. Waren die Hausbesitzer nicht alle Reaktionäre?

Überall in Peking spielten sich damals ähnliche Szenen ab. Die gesamte Altstadt wurde verstaatlicht, von den weitläufigen Villen der früheren kaiserlichen Beamten im Osten bis zu den ärmlichen Familienhäusern im Süden.

Die alten Besitzer mussten gehen oder durften nur in einem winzigen Zimmer ihrer alten Häuser weiter wohnen. Die kommunistischen Kader schanzten sich die prächtigsten Häuser und Tempel des alten China zu. Einige Grundstücke gingen an Staatsinstitutionen, wie die Residenz des Prinzen Zheng, in der heute die staatliche Kommission für Erziehung sitzt.

Die Siheyuan – Pekings traditionelle Hofhäuser – wurden verstaatlicht, aufgeteilt und umgebaut. Wo zu Kaisers Zeiten eine Familie mehrere Innenhöfe bewohnte, hausten plötzlich zehn oder zwölf Familien. Jeder Flecken Wohnraum, von den ehemaligen Kohlelagern bis zur Küche, wurde gebraucht. Man baute eine Gemeinschaftstoilette in der Mitte der Gasse. Später erweiterten die Familien ihre winzigen Zimmer mit Bretterverschlägen und schütteten die Gärten der Vorbesitzer zu. Aus den einst prächtigen Hofhäusern wurden enge, überfüllte Wohnbaracken.

Heute erkennt man nur noch am Grundriss und an architektonischen Details, wie prächtig diese Hofhäuser einst waren. Ein abgeschlagenes Schlangen-

*Oasen der Ruhe:*

*Viele alte Wohnhäuser in China*

*sind heruntergekommen.*

*Ihre Ästhetik haben sie jedoch*

*bewahrt (Provinz Zhejiang).*

*Folgende Seite: Eine alte*

*Bäuerin der Bai-Minderheit.*

*Die Bai sind eine von*

*56 Volksgruppen in China*

*(Provinz Yunnan).*

symbol aus Stein. Ein mit Drachen verzierter Dachstuhl. In ihrem Aufbau ähnelten sich alle Siheyuan. Jedes Haus hatte zwei oder mehrere begrünte Innenhöfe, die von einer grauen Mauer eingefriedet wurden. Zum chinesischen Selbstverständnis gehörte es, dass man den Reichtum einer Familie von außen erahnen, aber nie direkt sehen sollte. Hinter dem hölzernen Tor verdeckte eine Schutzmauer den Blick nach innen und versperrte dem Feng-Shui-Glauben nach damit auch bösen Geistern den Eintritt. Am nördlichen Ende des Hofes stand meistens das Haupthaus, ein prächtiges, mit steinernen Ornamenten verziertes Gebäude. Damit der Hausherr genug Sonnenlicht bekam, war es nach Süden hin ausgerichtet. Der Innenhof war zu den anderen Seiten durch Nebengebäude abgegrenzt, in denen entsprechend der Rangfolge die Gemächer der Haupt- und Nebenfrauen, der Kinder und der Dienerschaft untergebracht waren.

»Wer ein chinesisches Hofhaus besitzt, hat sowohl am Tage als auch in der Nacht eine Lichtquelle, welche die Jahreszeiten mit unendlichem Reichtum erfüllt«, schwärmte der Amerikaner George N. Kates in seinem Buch »The Years That Were Fat«. Sieben Jahre, von 1933 bis 1940 lebte Kates in einem Hutong im Norden des alten Peking. Damals, vor Maos Revolution, waren die Hofhäuser noch kleine Oasen des Luxus und der Ruhe. In den Gärten konnte man Tee trinken oder Bücher lesen. Wer durch das Tor hinaustrat, war unmittelbar in der Stadt, konnte einkaufen und Geschäfte erledigen.

Vieles davon ist heute Vergangenheit. Das Haus, in dem ich wohne, hat nur einen winzigen Innenhof. Die große Weide im Hof wurde vor vielen Jahren abgeholzt, um Platz für ein zusätzliches Zimmer zu machen. Auch wenn die Hutongs heute ärmlich und heruntergekommen sind, ist das alte Flair noch immer zu spüren. Im Sommer sind die Gassen voll mit Leben – da wird gehandelt, geschwatzt und gespielt. Sobald man über die Holzschwelle in den Hof tritt, ist es plötzlich ruhig und friedlich. Inmitten dieser Zwölf-Millionen-Stadt hört man das Rauschen der Blätter in den Bäumen. Den »heimlichen Wald« nennen die Pekinger die in den Höfen versteckten Zypressen, Weiden und Pappeln.

Es ist ein enges, familiäres Leben in den Hutongs. Da ist der alte Zhao in unserer Gasse, ein aufrechter Greis mit kurz geschorenen weißen Haaren, der die Fahrräder der Kinder repariert und mit ein bisschen Draht und einer Schere auch sonst alles in Ordnung bringen kann. Sobald es Frühling wird, sitzt er jeden Nachmittag vor seinem Haus und bastelt an irgendeinem alten Gerät. Schwatzt mit den alten Nachbarsfrauen. Nicht »Guten Tag« oder »Hallo« sagt man in Peking zur Begrüßung sondern »CHILE MA?« – »schon gegessen?«. Die Bewohner kennen sich seit vielen Jahren, die meisten leben seit ihrer Kindheit in der Gasse. Gemeinsam sind sie aufgewachsen, haben die politischen Kampagnen der Kulturrevolution überstanden und später erlebt, wie Deng Xiaoping nach Maos Tod den Sozialismus

Lasten werden in Chinas Dörfern wie früher auf den Schultern getragen. Dieser Bauer ist auf dem Heimweg vom Feld (Provinz Zhejiang).

*Tee (chinesisch* CHA*)
ist Nationalgetränk.
In den Häusern köchelt deshalb
immer ein Wassertopf über
dem Feuer (Provinz Shanxi).*

*Handarbeit:
Nur wenige Familien
auf dem Land können sich
Waschmaschinen leisten.
Die Wäsche wird im
Holzbottich geschrubbt
(Provinz Zhejiang).*

beerdigte. Von dem neuen Wohlstand haben sie nichts abbekommen; wer in den Hutongs lebt, ist arm. »Wenn du arm bist, halte es aus! Wenn du reich bist, zeige es nicht! Wenn du nicht schlafen kannst, schließe die Augen!«, lautet ein Sprichwort.

Die meisten wollen weg aus der Steinspatzgasse. Raus aus der Altstadt, raus aus den Hutongs in eines der neuen Apartmentgebäude außerhalb der vierten Ringstraße. »Warum sollen wir hier bleiben?«, sagt unsere Nachbarin Frau Li. Das Leben in den überfüllten Hofhäusern sei zu eng, sie selbst wohnt mit ihrem Mann und Sohn in einem knapp 30 Quadratmeter großen Raum. Durch die Ritzen zieht der Wind, wenn es regnet, werden die Wände feucht. »Im Winter ist es zu kalt, im Sommer zu heiß«, stöhnt Frau Li. Wie alle Bewohner in den Hutongs hat ihre Familie zum Heizen nur einen winzigen Kohleofen. Um auf die Toilette zu gehen, müssen sie jedes Mal über die Gasse zum Gemeinschaftsklo marschieren. Kann man es jemandem verdenken, wenn er da von einer Etagenwohnung träumt? Mit Zentralheizung und fließend heißem Wasser?

Sobald sie genug Geld haben, wollen die Lis ausziehen. Herr Li arbeitet als Taxifahrer. Zwölf Stunden sitzt er jeden Tag hinter dem Steuer seines roten Xiali-Taxis, sieben Tage die Woche. In drei Jahren wollen sie genug Geld für eine Eigentumswohnung angespart haben. »Von mir aus können sie die ganzen Hutongs abreißen«, sagt Frau Li ungerührt. Viele denken hier so, aber nicht alle. Dem alten Zhao hatten seine Kinder eine Mietswohnung besorgt. Doch er ging nicht mit. »Was will ich mit einer modernen Wohnung? Dort kennt mich doch niemand«, sagte er.

Das alte China verschwindet. Häuser werden abgerissen, Straßen verbreitert, und manchmal verschwinden innerhalb von ein paar Tagen ganze Wohnviertel. Das Reich der Mitte wandelt sich, und das in einem atemberaubenden Tempo. Kaum ein Tag, an dem nicht in Shanghai ein neuer Wolkenkratzer eröffnet wird. Aus Dörfern werden Städte und aus alten sozialistischen Industriemetropolen Geisterstädte. Aus einem Restaurant, das gestern noch stolz eine Plakette mit der Aufschrift »staatliche Modelleinheit« am Eingang hängen hatte, wird morgen eine Karaoke-Disko. Staatsfirmen mit Zehntausenden von Arbeitern werden mit einer Unterschrift dichtgemacht, um wenig später als Aktienfirmen der Ex-Kader wieder in Produktion zu gehen.

China hat zum Großen Sprung in die Moderne angesetzt – eine Industrialisierung im Zeitraffer. »Reich werden ist ehrenhaft!«, rief Deng Xiaoping 1979 den Chinesen zu. Und seitdem ist dieser Satz die Losung eines Milliardenvolkes. Mehr als hundert Millionen Bauern verließen ihre Felder, um in den Fabriken an der Küste im Akkord zu schuften, jeder auf der Suche nach dem eigenen Glück und nach ein bisschen Wohlstand. Neue Hochhausstädte wuchsen aus dem Boden und mit ihnen die Wünsche der Menschen: ein eigener Farbfernseher, ein Kühlschrank, eine Waschmaschine – davon träumten die Chinesen, als sich das Land vor zwei Jahrzehnten öffnete. Ein paar Wochen im Frühjahr 1989 tanzten die Studenten in Peking auf dem Platz des Himmlischen Friedens. Es ging um soziale Gerechtigkeit, gegen die Korruption der Kommunistischen Partei (KP) und ein bisschen auch um Demokratie. Als die Führung Panzer schickte, waren die Träume schnell vergessen. Glück suchen die meisten Menschen in China heute im Kleinen. Eine Karaoke-Musikanlage zum Mitsingen, das Auslandsstudium für den Sohn und irgendwann vielleicht ein eigenes Auto.

China ist in Bewegung, eine Gesellschaft im Wirbelsturm neuer Ideen

*Wenn die Zeit stehen bleibt: Kürbisse lagern auf einer Fensterbank in Yanan (Provinz Shaanxi).*

Ein Bauer in Yanan stärkt sich vor der Arbeit mit einer Reissuppe (Provinz Shaanxi). Etwa 800 Millionen Chinesen leben auf dem Land, viele unter ärmlichen Bedingungen.

und Lebensweisen. Musik und Modetrends schwappen aus Hongkong und Japan in die Städte. Noch in den Achtzigerjahren galt es als unkeusch, wenn junge Verliebte in der Öffentlichkeit Händchen hielten. Heute stehen auf den Pekinger Universitätsgeländen Kondomautomaten. Vor kurzem traten in einer kleinen Bar im Pekinger Universitätsviertel die ersten chinesischen Punks auf. Die gefärbten Haare im Irokesen-Schnitt, grölten sie »WU ZHENGFU« in die Mikrophone – »Anarchie«. Im Westen mag das nichts Neues sein, für Chinas Jugend ist es eine Revolution. Techno, Hiphop, Internet, freie Liebe – alles wird ausprobiert. Jedes Mal ein neuer Test, wie weit man in der chinesischen Gesellschaft gehen kann.

Aber auch die eigene Kultur wird neu entdeckt. Hunderte Millionen Chinesen haben nach 1979 wieder einen Glauben angenommen. In den buddhistischen und taoistischen Tempeln, die nach der Kulturrevolution neu aufgebaut wurden, drängen sich heute die Gläubigen. In Südchina haben die Menschen in ihren Wohnungen wieder kleine Hausaltäre eingerichtet. Vergessene Traditionen zum Neujahrsfest und die traditionellen Bestattungsfeiern werden neu belebt. Langsam findet auch in der Regierung ein Umdenken statt. Einige ausgewählte Hutong-Häuser wurden unter Denkmalschutz gestellt, alte Tempel renoviert. Wird das reichen, um die blinde Modernisierungswut aufzuhalten?

Noch ziehen die fliegenden Händler mit ihren Karren durch die Gassen von Peking. Doch die Tage der Hutongs sind gezählt. Immer häufiger sieht man verlassene Viertel, an den grauen Wänden mit weißer Farbe das Zeichen »CHAI« geschmiert, »abreißen«. Wenig später rücken Bauarbeiter mit Hacken und Abrisshämmern an. Die Bewohner werden in Wohnblocks am Stadtrand umgesiedelt. Zwei Drittel der Pekinger Hutongs sind in den vergangenen Jahren niedergerissen worden, um Platz für Schnellstraßen und Hochhäuser zu machen. Immer schneller fräsen sich die Abrisskolonnen durch die alten Gassen. Die grauen Mauern werden geschliffen, die Gärten zugeschüttet. Peking soll moderner werden, schneller, effizienter. In zehn Jahren, so plant die Stadtregierung, soll es nur noch ein paar Hutongs nördlich vom Kaiserpalast geben. Für die Touristen herausgeputzt, mit Souvenirläden, Zentralheizung und Parkplätzen vor der Tür.

Irgendwann wird auch die Geschichte der Steinspatzgasse zu Ende gehen, die Stimmen der Straßenhändler werden verstummen. Die Kader der Stadtverwaltung werden wie in den Nachbargassen das Zeichen CHAI zum Abriss auf die alten grauen Mauern malen. Bauarbeiter werden anrücken und die alten Holztore zersägen. Den kleine Laden vom dicken Wang werden sie abreißen, die Tischtennisplatte neben der Toilette zerschlagen. Und abends werden die Bewohner, wenn sie in die Wohnblocks am Stadtrand umgesiedelt sind, in ihren Betten immer noch flüstern: »Wenn du nicht schlafen kannst, schließe die Augen!«

*»Das Essen ist der Himmel des Volkes«, lautet ein chinesisches Sprichwort. Hier eine Pekinger Familie beim Abendessen.*

23

SHAANXI

*Vorangehende Seite:*

*Am Gelben Fluss ist es staubig.*

*Vor dem Unterricht müssen die Kinder jeden Tag den Platz vor der Schule fegen.*

*Erinnerungen an die Revolution: Fotowand in einem Wohnhaus in Yanan.*

*Die älteren Menschen in Yanan erinnern sich noch an die Zeit, als Mao in ihren Höhlen lebte.*

Yang Zailin war ein armer Bauer, als die Revolution in sein Dorf kam. Es war im Oktober 1935. Erschöpft vom Langen Marsch suchten Chinas Kommunisten in den abgelegenen Bergen von Yanan Zuflucht. »Wir hatten selbst kaum genug Getreide«, erinnert sich der alte Mann. Dennoch gewährten die Dorfbewohner den müden Kämpfern Unterschlupf in ihren Höhlenwohnungen. Der Anführer, ein junger Mann namens Mao Zedong, hielt feurige Reden und versprach den Bauern Wohlstand und Gerechtigkeit. 13 Jahre blieben die Kommunisten und bauten sich hier die Basis auf, von der sie später ein Fünftel der Menschheit beherrschen sollten.

Die Höhlen von Yanan sind ein Symbol für Chinas Revolution. Jedes chinesische Kind kennt die Stadt in der Provinz Shaanxi. Hier schmiedeten Mao und seine Generäle die Pläne zur Eroberung Chinas. Hier schrieb der spätere »Große Vorsitzende« seine wichtigsten Reden zum Sozialismus. Karg war das Leben in den grasbedeckten Höhlenwohnungen, der trockene Lößboden kaum zur Landwirtschaft zu gebrauchen. »Es geht nicht darum, ob man sich an die Höhlen von Yanan gewöhnen kann«, schrieb Mao. »Die Höhlen sind am revolutionärsten. Hier gibt es Marxismus!«

Den Marxismus muss man heute suchen. Yanan ist eine mittelgroße Industriestadt. Das revolutionäre Erbe bedeutet für das strukturschwache Gebiet vor allem Tourismus. Auf Plakatwänden wirbt eine Elektrofirma als Hauptsponsor für Maos Wohnhöhle und »andere kommunistische Sehenswürdigkeiten«. Schulklassen und Belegschaften von Staatsbetrieben übernachten in den kargen Wohnhöhlen, um den Geist der Gründerväter zu erleben. Sozialismus als Abenteuerurlaub.

Mao und die Kommunisten sind längst weggezogen. Yang ist noch immer Bauer und noch immer arm. Ernüchtert blickt der 79-Jährige auf sein Leben zurück. »Uns geht es heute so schlecht wie nie«, schimpft er und zündet sich einen abgekauten Zigarettenstummel an. Parteisekretär, Vizesekretäre, Untersekretäre – insgesamt acht Kader, zählt Yang auf, gebe es in seinem Dorf am Rand von Yanan. Immer neue Steuern müsse seine Familie zahlen, außerdem Schulgeld, Gebühren, Abgaben. »Die Armen werden immer ärmer und die Reichen immer reicher«, schimpft er. Was das denn noch mit Sozialismus zu tun habe?

Nachts feiern die Neureichen der Stadt in den Karaoke-Bars der Luxushotels ihren Wohlstand. »GANBEI!« – »Leert das Glas!«, brüllt Wang Wenzhang. Das rote Gesicht des Unternehmers ist vom Bier aufgeschwemmt. Mit einer Armbewegung schüttelt er ein Barmädchen ab, denn jetzt redet Wang über seinen Erfolg. »Hier, die besten Zigaretten in Yanan. 25 Yuan das Päckchen!« Vor fünf Jahren, erzählt Wang, habe er eine Firma für Erdölpumpen gegründet. Heute arbeiten 80 Leute in seinem Unternehmen. »Willst du ein Mädchen? Hier, such dir eins aus, ich bezahl das!« Sein Geschäftspartner greift zum Mikrophon. »Deine Gewässer sind

# REVOLUTION UNTER DER ERDE

so süß wie Muttermilch«, grölt er zur Schlagermusik. Auf der Leinwand tanzen chinesische Mädchen in Bikinis.

Ist das der »Sozialismus mit chinesischer Charakteristik«, wie es Pekings KP-Propagandisten nennen? In Yanan, der Wiege des chinesischen Kommunismus, haben die Menschen den Glauben an die alten Ideale verloren. »China muss erst aufholen, bis wir so reich sind wie der Westen«, meint ein Student der Yanan-Universität. Dann erst könne sich China wieder soziale Gerechtigkeit leisten.

Für den alten Yang wird es bis dahin schon zu spät sein. Er sei damals für die Kommunisten in den Krieg gezogen, weil er an die Ideale glaubte, erzählt er. Ein Bajonett schlitzte ihm den halben Unterarm auf. Später, nach Maos Machtübernahme, musste er seine Familie durch die Hungersnöte und politischen Kampagnen bringen. Den Großen Sprung nach vorn, die Kulturrevolution – irgendwie hat er alles überlebt. Müde sitzt der alte Mann in seiner Wohnhöhle, die noch genauso ärmlich aussieht wie vor einem halben Jahrhundert. An der Wand hängt ein vergilbtes Plakat, das Mao Zedong als jungen Revolutionär zeigt. »WAN SUI, WAN SUI!« steht darunter geschrieben. »Zehntausend Jahre! Zehntausend Jahre!«

*Auch in Yanan, Chinas Wiege der kommunistischen Revolution, streben die Menschen heute nach Wohlstand und Konsum.*

SHAANXI

»Hier gibt es Marxismus«,

sagte Mao einst über die Wohnhöhlen

von Yanan. Manche Bauern haben

heute noch Büsten des Großen Vorsitzenden

in ihrer Wohnung.

Die Revolution der Bauern

blieb für viele ein Traum.

Im Umland von Yanan werden

die Felder wie zu Zeiten des

Kaiserreichs noch mit dem

Maulesel gepflügt.

Einfache Kost: Die beiden Schafköpfe werden später zu einer Suppe verkocht.

Heimweg durch die Lößberge am Gelben Fluss: Die Dörfer um Yanan sind arm geblieben. Statt asphaltierter Straßen gibt es nur Feldwege.

Jede Hand zählt:
Auf dem Land müssen Kinder
schon früh bei der Arbeit
mit anpacken, wie der Junge
beim Maismahlen.
Viele Familien nehmen
die Kinder mit auf das Feld.
Unten: Eine Bäuerin
bringt Feuerholz nach Hause.

SHAANXI

Vorangehende Seite: Im Winter gibt es in Nordchina nur Chinakohl als Gemüse. Der Kohl wird in langen Tonkrügen in Essig eingelegt.

Festmahl für einen Gast: Chinesische Speisen werden in der Küche mundgerecht vorbereitet. Am Tisch pickt man sich je nach Geschmack mit hölzernen Essstäbchen die Stücke aus den Schüsseln.

SHAANXI

»Auch eine geschickte Hausfrau

kann ohne Reis nicht kochen«,

sagen die Chinesen.

Viel mehr braucht sie nicht.

Außer ein paar Töpfen,

Schüsseln und Kellen

sind chinesische Küchen meist

spärlich ausgerüstet.

SHAANXI

Oben: Der Traum vieler Bauern — ein Fernseher. Mit einer Zierdecke wird das gute Stück geschützt. Links: Wenn die Eltern auf dem Feld arbeiten, passen die Großeltern in der Wohnhöhle in Yanan auf den Enkel auf. Sie sitzen auf einem KANG, einem beheizbaren Bett aus Stein. Rechts: Chinesische Idole: Der Politiker Zhou Enlai und ein Fotomodell.

Folgende Seite: Die Alten glauben noch an die Helden der Revolution. Ein alter Bauer aus Yanan hat in seiner Wohnhöhle Bilder von Mao und anderen revolutionären Führern aufgehängt.

SHAANXI

Lernen für die Zukunft.

Kinder büffeln in einer Dorfschule bei Yanan.

Seit der Wirtschaftsöffnung müssen Eltern

für ihre Kinder Schulgeld bezahlen.

Viele Bauern können es sich gar nicht

leisten und ihre Kinder daher nicht

zur Schule schicken.

Vater und Sohn frühstücken vor dem Haus.

In den Städten dürfen Familien nur

ein Kind haben, auf dem Land hingegen

zwei oder, je nach Region, auch mehr.

SHAANXI

Folgende Seite: Kein Geld für Bildung. Chinas Dorfschulen fehlt oft das Geld für das Nötigste. Die Decke in dieser Schule in Yanan ist mit Zeitungsseiten tapeziert.

SHAANXI

SHANXI

45

Ein Metallbett, ein alter Fernseher und Familienfotos an der Wand — das Wohnzimmer eines alten Mannes in Pingyao. Die Region in Shanxi ist bis heute eine der ärmsten in China.

*Vorangehende Seite:*

Zeitreise in das Reich der Mitte.

Die Hauptstraße von Pingyao

sieht heute noch so aus wie in der Kaiserzeit.

Überlebt hat die Architektur vor allem

wegen der Armut der Stadt.

Für Neubauten fehlte lange das Geld.

Es war einmal ein chinesisches Städtchen, irgendwo in der Lößebene von Shanxi, das hatte eine Stadtmauer, die abgerissen werden sollte. Die Mauer war nicht baufällig oder hässlich. Im Gegenteil: Fünf Jahrhunderte hatte das mächtige Bauwerk die Menschen in dem Städtchen Pingyao beschützt. Die leicht verwitterten, kunstvoll verzierten Wachtürme aus der Ming-Dynastie ragten noch immer über die mittelalterlichen Gassen. Doch nun stand die Mauer dem Fortschritt im Weg. In Peking hatten Maos Kommunisten Ende der Fünfzigerjahre den Großen Sprung nach vorne ausgerufen. China sollte moderner und sozialistischer werden, und da störte alles Alte nur. Deshalb musste die Mauer weg.

Nun war in Pingyao der Revolutionsgeist größer als die städtische Kasse. Für einen Abriss der Mauer wie in Peking, wo der Große Vorsitzende Mao die alte Stadtmauer der Kaiserstadt durch eine vierspurige Ringstraße hatte ersetzen lassen, fehlte dem kleinen Pingyao das Geld. Die Kader und Parteisekretäre der Stadt überlegten hin und her. Sollte man eine Volkskampagne starten und jedem Bürger eine Hacke in die Hand geben? Zu umständlich! Immerhin war die Mauer sechs Meter hoch und bis zu zehn Meter dick. Das ungeliebte Gemäuer einfach mit Dynamit in die Luft sprengen? Zu gefährlich! Und wer sollte den ganzen Schutt wegtransportieren?

Die Jahre vergingen, ohne dass etwas passierte. Die Kulturrevolution mit ihren politischen Kampagnen tobte über das

SHANXI

# DIE MAUER VON PINGYAO

Land. 1976 starb Mao, China öffnete sich. Überall wurde das Land neu und modern aufgebaut. Hochhäuser, Fabriken und Straßen entstanden. Nur in Pingyao veränderte sich nichts. Die alte Mauer umfriedete noch immer den mittelalterlichen Stadtkern. Für Hochhäuser, Fabriken und Straßen hatte die Stadt kein Geld. Pingyao war noch immer arm, und genau das war ihr Glück. Anfang der Achtzigerjahre entdeckte ein Shanghaier Architekt das kleine Städtchen. 1986 stellte die chinesische Regierung den Stadtkern unter Denkmalschutz. 1997 wurde die Stadt von der UNESCO zum Weltkulturerbe erklärt: Pingyao – die einzige mittelalterliche Stadt in Nordchina mit einer vollständig erhaltenen Stadtmauer.

Pingyao ist heute eine Zeitreise in die Vergangenheit. Wie ein Fort aus der Qing-Dynastie liegt die 2700 Jahre alte Stadt in der Ebene. Entlang mittelalterlicher Gassen erstrecken sich klassische Wohnhäuser mit geschwungenen Dächern, kunstvoll verzierte Tempel und Innenhöfe. Im Zentrum überragt der mit gelb glasierten Ziegeln gedeckte Stadtturm die Stadt. XI, Glück, und SHOU, Langlebigkeit, versprechen die Schriftzeichen auf den Außenmauern. Aus kleinen Buden verkaufen Frauen in weißen Schürzen gebratene Maultaschen. Riksha-Fahrer holpern mit ihren klapprigen Rad-Sänften über das Kopfsteinpflaster. WUGUI CHENG, die Schildkrötenstadt, heißt Pingyao mit Beinamen, weil sie von oben die ovale Form einer Schildkröte hat. 3000 antike Wohnhäuser mit Skulpturen und Steinreliefs aus der Qing- und Ming-Dynastie sind erhalten.

Außer im konfuzianischen Dacheng-Dian-Tempel beten die Menschen der Stadt auch gerne im Tempel des »Lords der Finanzen«. Denn Pingyao war nicht immer arm. Die kleine Stadt mit der mächtigen Mauer war einst ein berühmtes Banken- und Finanzzentrum. 1824 hatte der Kaufmann Lei Litai in Pingyao die erste Privatbank des Landes gegründet. Lei führte den bargeldlosen Wechsel ein und warb damit, Geldtransfers in die ganze Welt verschicken zu können. Die Ri Sheng Chang, die »Sonnenaufgangs-Wohlstands«-Bank, wurde zu einem der größten Bankhäuser des kaiserlichen China mit Niederlassungen von Peking bis Hongkong. Das alte Bankkontor, ein prunkvoller Gebäudekomplex mit fünf Innenhöfen, ist heute ein Museum.

Nach den mageren Jahren bereitet man sich in Pingyao wieder auf eine Zeit des Wohlstands vor. Die Pekinger Zentralregierung will die Stadt zu einem der zehn wichtigsten Touristenzentren in China ausbauen. In den Altstadtgassen entstehen kleine Hotels und Restaurants. Tempel und Wohnhäuser wurden renoviert. Der große Stolz ist jedoch die alte Mauer. Man baute Treppenaufgänge und renovierte die alten Wachtürme. Nachts leuchten auf ihr rote Lampions und Seidenfiguren. Und in dem kleinen Städtchen in der Lößebene von Shanxi redet niemand mehr davon, die alte Stadtmauer abzureißen.

*Eingang zu einem ehemaligen herrschaftlichen Hofhaus.*

*In Pingyao entstanden einst die ersten Banken Chinas – sie machten die Stadt in der Kaiserzeit reich und berühmt.*

Innenraum eines traditionellen Hofhauses aus der Qing-Kaiserzeit. Pingyaos wohlhabende Familien bewohnten einst mehrere solcher Innenhöfe.

Abendverkehr in Pingyao. Bis heute fahren nur wenige Autos in der Innenstadt. Ein Bäcker wirbt mit einem Aushang für frische MANTOU, chinesische Teigknödel. Sie sind für wenig Geld zu haben.

Folgende Seite: Mutter und Tochter stehen im Hauseingang. »Die Sonne scheint auf das Tor, und die Menschen sind gesund«, heißt es auf dem Neujahrspapier links.

SHANXI

Jede Region hat ihre Spezialitäten.

In einem Restaurant in Pingyao

wird SHAO BING, Hefegebäck,

zum Mittagessen gebacken.

Vorbereitungen zum Abendessen.

Eine Familie trocknet an einer Wäscheleine

im Innenhof eine in Scheiben geschnittene

Gemüsemelone.

Eine Beerdigungsprozession in Pingyao. Mit der Musik sollen die bösen Geister vertrieben werden, ehe die Seele des Verstorbenen ins Totenreich wandert. Gespielt wird auf der SOUNA-Trompete und dem ERHU, der chinesischen Gitarre.

SHANXI

Einmal am Tag kommt jede Familie

zum gemeinsamen Essen zusammen.

Bei dieser Familie in Pingyao nehmen auch

die Nachbarn am Abendessen teil.

Über dem Esstisch wacht der strenge Blick des Revolutionärs. Der Mann auf dem Plakat ist der junge Mao.
Viele Familien in Pingyao benutzen die alten Holzmöbel ihrer Vorväter nur deshalb, weil sie kein Geld für neue haben.

PORTRÄTS I

59

*Vorangehende Seite:*
*Eine Bäuerin mit ihrem Sohn*
*(Provinz Fujian). Aus Bildern*
*von Gottheiten hat sie einen*
*kleinen Hausaltar errichtet.*
*Seit den Achtzigerjahren*
*wenden sich viele Chinesen*
*wieder den Religionen zu.*

*Bauchfrei – eine junge Chinesin im*
*westlichen Jeans-Look (Provinz Fujian).*
*Chinas Modeeinflüsse kommen aus*
*Hongkong und Tokio.*

*Überreste einer alten Kultur:*
*Ein Bauer vor einer etwa 1000 Jahre alten*
*Statue aus der Zeit der Song-Dynastie*
*(Provinz Zhejiang).*

PORTRÄTS I

Chinas Dorfjugend – zwei junge Frauen haben sich für den Abend schick gemacht (Provinz Fujian). Plateauschuhe sind bei Jugendlichen ebenso populär wie bei ihren westlichen Altersgenossen.

Zeuge eines bewegten Jahrhunderts. Dieser alte Mann – in der Hand hält er einen Metallkorb mit glühenden Kohlen gegen die Kälte – erlebte die Republik und die Machtübernahme von Maos kommunistischen Truppen (Provinz Zhejiang).

Großeltern mit ihrem Enkel (Provinz Fujian). Drei bis sechs Monate nach der Geburt eines Kindes arbeiten in China die meisten Frauen wieder, und die Großeltern kümmern sich um den Nachwuchs.

Ein Jugendlicher im Sonntagsanzug (Provinz Fujian). Wie früher in Europa haben viele Chinesen bis heute nur ein Kleidungsstück, in dem sie arbeiten und schlafen. Für Festtage gibt es einen guten Anzug.

Zwei Kleinkinder in Peking.

Wer wenig Geld hat, muss improvisieren.

Der Kinderwagen ist aus Bambusstangen

gebastelt.

Vater, Mutter und Tochter –

eine typische Mittelstandsfamilie,

wie es sie heute in vielen Regionen

Chinas gibt (Provinz Fujian).

Westlicher Schick: Ein junges Mädchen in einem Dorf (Provinz Zhejiang). Seit dem Beginn der Reformen kleiden sich viele Chinesen wieder bunt und modisch.

Ein Kuhhirte. Sein traditioneller Regenschutz ist aus SOU YI, Palmenrinde, geflochten (Provinz Zhejiang).

*Zwei Freunde vom Land
(Provinz Zhejiang).
Für Männer ist es in China
nicht unschicklich,
sich in der Öffentlichkeit
Arm in Arm oder
Hände haltend zu zeigen.*

*Ein Anzug fürs Leben:
Wie viele seiner Generation trägt
dieser alte Mann noch den Mao-Anzug,
der früher das Bild Chinas prägte
(Provinz Zhejiang).*

ANHUI

Eine Frau vor dem Dorfteich in Hongcun.

*Vorangehende Seite: Häuser wie Tempel – das Straßenbild des Dorfes Xidi hat sich seit der Qing-Dynastie nicht verändert. Hinter der anmutigen Fassade herrscht allerdings hier wie anderswo auf dem Land in Anhui bittere Armut.*

ANHUI

# DIE STILLEN DÖRFER

Wir waren noch keine Stunde in Huji, irgendwo im Hinterland der Bauernprovinz Anhui, als sich ein seltsames Gefühl einstellte. Eine merkwürdige Stille. Irgendetwas fehlte in dem Dorf. Da waren die typischen, schindelbedeckten Steinhäuser. Ärmliche Häuser – statt Fenstern hatten sie nur große, schwarze Löcher in der Wand. Dahinter ein paar braune Reisfelder, auf denen wir Frauen beim Ackerbau sahen. Obstbäume, Pferdekarren, ein paar Kinder beim Spielen. Nur eines gab es in Huji nicht: Männer. Wo sind die Männer hin, fragten wir. Man stellte uns eine Schale Tee auf den Tisch, und dann erzählten die Frauen von Huji die Geschichte ihres Dorfes.

In den Achtzigerjahren habe es angefangen. Die Ernte sei damals immer schlechter geworden, für die jungen Männer gab es keine Arbeit. Und so machte sich schließlich der Sohn des Bauern Zhou auf den Weg in die Stadt, erzählen die Frauen. Nach Schanghai wollte er eigentlich. Drei Wochen war er unterwegs und am Ende kam er in einer Fabrik in Südchina in der Nähe von Kanton an. Dort fand er schließlich eine Arbeit. Fortan kehrte der junge Zhou nur noch einmal im Jahr zurück zu seiner Frau nach Huji. Er verdiente in der Fabrik so viel Geld, dass bald immer mehr Männer aus Huji zum Arbeiten in die Städte zogen. Einer nach dem anderen ging fort, um in der Ferne sein Glück zu machen. Zurück blieben die Frauen, Kinder und Alten.

Dörfer wie Huji gibt es in China viele. Auf der Suche nach Arbeit haben seit 1979 mehr als hundert Millionen chinesische Bauern ihre Felder und Äcker verlassen. In manchen Regionen von Anhui sind ganze Landstriche verwaist. Die ehemaligen Bauern arbeiten heute in Fabriken in Südchina. Andere schuften als Tagelöhner auf den Baustellen in Shanghai, Peking und anderen Großstädten. LIU REN KOU, bewegliche Bevölkerung, nennen die Chinesen die Wanderarbeiter. Die meisten sind Männer, die von ihren Familien getrennt leben. Einmal im Jahr, während des Frühlingsfests, kehren sie für ein paar Tage zurück in ihre Dörfer und erzählen den Kindern vom aufregenden Leben in den Städten.

Es ist ein hartes, entbehrungsreiches Leben. In den Fabriken müssen die Wander-

*Ein Glückssymbol als Fenster. Diese Holzverzierung entspricht dem chinesischen Schriftzeichen* SHUANG XI. *Das bedeutet »doppeltes Glück«.*

*Folgende Seite: Fliegende Fische? Zum Trocknen haben Bauern die Fische einfach an eine raue Hauswand gedrückt.*

*Tänzerin ohne Gesicht. Während der Kulturrevolution wurden unzählige alte Fresken und Figuren, wie diese Holzschnitzereien, von den Roten Garden zerstört. Alles Alte galt den Revolutionären als bürgerlich.*

arbeiter im Akkord schuften, es gibt im Monat nur einen oder zwei freie Tage. Die Frauen in den Dörfern müssen den Ackerbau alleine bewältigen und die Kinder durchbringen. Alle paar Wochen schicken die Männer etwas Geld aus der Stadt, gelegentlich telefoniert man miteinander. Die Familien sind über Jahre getrennt. Manchmal, erzählen die Frauen in Huji, lernen die Männer in den Städten eine andere Frau kennen. Hin und wieder, erzählen die Wanderarbeiter, tröstet sich eine der zurückgelassenen Ehefrauen mit dem Nachbarn.

Wanderarbeit – das ist in China der Traum vom Glück. Raus aus der Armut der Dörfer. Ein paar Jahre in der Stadt arbeiten. Man lebt bescheiden, spart Geld und irgendwann kehrt man mit einem kleinen Vermögen zurück in die Heimat, eröffnet ein Geschäft, muss nicht mehr von der Landwirtschaft leben und kann die Kinder zur Schule schicken. Hunderttausende Chinesen haben sich auf diesem Weg ein kleines Glück aufgebaut. Doch bei vielen anderen sind die Familien zerbrochen.

In Huji ist der Traum noch lebendig. Ohne das Geld der Männer hätten sie schon längst ihre angestammte Heimat verlassen und das Dorf aufgeben müssen, sagen die Frauen. Sie erzählen von der Aufregung, jedes Mal wenn die Männer zum Frühlingsfest zurückkehren. In Reissäcken aus Plastik bringen sie Geschenke mit. Bunte Kleider und Kosmetikartikel von den Märkten in der Stadt für die Ehefrauen. Plastikspielzeug für die Kinder. Drei Wochen sind die Männer da, manchmal auch vier, ehe sie wieder in die Fabriken ziehen. Zurück bleiben die Frauen, Kinder und Alten. Und in Huji wird es wieder merkwürdig still.

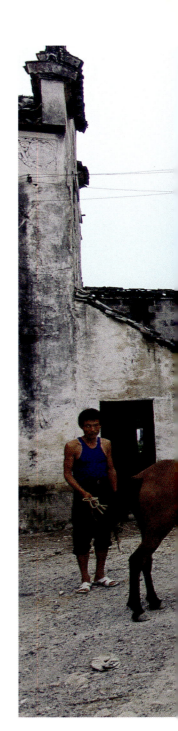

XIAO HUANGDI, »kleiner Kaiser«, werden in China Einzelkinder oft genannt – aufgrund der Ein-Kind-Politik gibt es sehr viele. Dieser Junge steht in einem traditionellen Kinderstuhl aus Holz.

Oben: Ein Dorf aus der chinesischen Vergangenheit. Das Wasser wird noch aus dem gemeinsamen Brunnen geschöpft. Dafür gibt es eine Fernsehantenne. Links: Das Dorf Bishan aus der Zeit der Qing-Dynastie.

*Tänzerin ohne Gesicht. Während der Kulturrevolution wurden unzählige alte Fresken und Figuren, wie diese Holzschnitzereien, von den Roten Garden zerstört. Alles Alte galt den Revolutionären als bürgerlich.*

Oben: Holzverzierung aus der Qing-Dynastie in einem Bauernhaus. Antiquitätenhändler ziehen heute durch die Dörfer, um billig die Überreste alter chinesischer Kunst aufzukaufen. Die besten Stücke landen bei Sammlern in Hongkong, Taiwan oder im Westen.

Rechts: Details eines Holzreliefs. Auch hier wurden die Gesichter abgeschliffen.

ANHUI

Geschichten aus Holz.

Das herrschaftliche Haus

eines früheren Kaufmannes

im Dorf Lucun. Auf den Panelen

werden Theatergeschichten

und Legenden aus der Qing-Zeit

in Szenen nacherzählt.

ANHUI

84

*Vorangehende Seite:*

*Beim Naschen erwischt. Der Sohn eines Bäckers probiert die frisch gedämpften* BAOZI, *Maultaschen. An der Wand dahinter hängen zwei Spruchbänder. Links steht: »Das Leben ist höher als ein Berg«. Rechts heißt es: »Glück ist größer als ein See«.*

Oben: Eine Familie beim Majong-Spielen. Majong ist vergleichbar einem Kartenspiel, wird aber mit 144 Steinen gespielt. Vor allem in Südchina ist es beliebt, und man kann abends überall das Klicken der Steine vernehmen.

Rechts: Mit einer alten Maschine werden Reisnudeln ausgerollt.

ANHUI

Mittagessen bei einer armen Bauernfamilie. Der Fußboden besteht nur aus gepresstem Lehm. Zwischen den Möbeln laufen Hühner umher.

CHUNJIE

89

Vorbereitungen zum Neujahrsfest in einem taoistischen Tempel. Von jeder Speise wird ein kleines Schüsselchen auf den Hausaltar gestellt, als Opfer für die Vorfahren (Provinz Zhejiang).

ZHEJIANG

95

Bäuerliche Idylle:
Enten watscheln durch die Dorfgasse
von Dongguo zurück zum Stall.

Vorangehende Seite:
Schweinepfoten, gepresste Enten,
Fische, Hemden und Turnschuhe
trocknen auf einer Wäscheleine
in der Sonne. Die drei Erst-
genannten landen später im Wok.

Ein Bauer breitet Reis zum Trocknen aus.

# DAS HIMMELS-LAND

Es gibt Orte, deren Schönheit ist sprichwörtlich. »SHANG YOU TIANTANG, XIA YOU SU HANG«, sagen die Chinesen – »oben gibt es das Himmelreich, auf der Erde gibt es die Städte Suzhou und Hangzhou«. Kaum ein Ort in China wurde so oft besungen wie die einstige Kaiserstadt Hangzhou der Provinz Zhejiang. Der Xi Hu, Westsee, in der Mitte der Stadt animierte einst Dichter und Träumer zu schmachtenden Liebesgedichten, die Schönheit der besungenen Frauen aus Hangzhou war legendär.

Heute ist Hangzhou eine Millionenmetropole. Chemieindustrie und Seidenfabriken sorgen für Wirtschaftswachstum. Aus den Abgasschloten der Staatsbetriebe raucht es, Taxis der Marke Santana und japanische Kleinbusse schieben sich durch den Nachmittagsstau. Nur noch abseits der Innenstadt, in den alten Tempelanlagen und Gärten entlang des Seeufers, lässt sich erahnen, wie unglaublich schön diese Stadt einmal gewesen sein muss.

Zhejiang war einst das kulturelle und wirtschaftliche Zentrum Chinas. »Land des Fischs und des Reises« nannten die Chinesen die Provinz wegen ihrer Fruchtbarkeit. Die Bauern bewirtschafteten die Erde so erfolgreich, dass sie sich Häuser so groß wie Kaiserpaläste leisten konnten; aus ihren Dörfern wurden prächtige Städte, Zentren der chinesischen Kultur. Auch wenn diese alten Städte seit langem in Vergessenheit geraten sind, ist Zhejiang eine kulturelle Schatztruhe Chinas. Da gibt es Orte wie die mehr als 1000 Jahre alte Küstenstadt Linhai, deren Stadtbild sich seit 500 Jahren nicht verändert hat. Oder Taozhu, eine mittelalterliche Kleinstadt mit herrschaftlichen Innenhöfen, schattigen Parkanlagen und Hausfassaden aus Holz mit kunstvollen Schnitzereien, die alte Geschichten und Sagen erzählen.

Zhejiang ist eine Zeitreise – zurück in das alte Reich der Mitte, als die Männer in China noch lange Gewänder und das Haar zum Zopf gebunden trugen. Als für Frauen XIAO JIAO, »gebundene Füße«, Mittel zum Schönheitsideal zierliche Füße waren. Die meisten der alten Häuser sind heute heruntergekommen, die Verzierungen und Fresken mit Staub und Erde bedeckt. Die großen Ahnenhallen in den Dörfern, mit denen einst jeder Familienklan seine Macht und seinen Einfluss zur Schau stellte, sind windschief. Wer Geld hat, baut sich ein neues Haus aus Beton, mit blau verspiegelten Alufenstern und weißen Kacheln an der Außenwand: Praktisch und billig soll die neue Architektur sein. Wer kein Geld hat, der zieht weg. Nach Shanghai, Kanton oder in die anderen Industriestädte an der Küste. Wo ein Mann in der Fabrik in einem Monat so viel verdient wie ein Bauer im ganzen Jahr. »Oben gibt es das Himmelreich«, sagen die Chinesen. Und unten geht ein Himmelreich kaputt.

*Dach einer alten Theaterbühne in Wenzhou. Auf der Bühne werden anlässlich des chinesischen Neujahrs traditionelle Opern und Volksstücke aufgeführt.*

Gottheit und Propaganda: Die Regierung lässt auf freie Häuserwände oft Mahnungen und Aufrufe schreiben. Hier heißt es hinter der Statue: »Wer Strom stiehlt, klaut vom Staat.«

Ein Junge sitzt in einem Kinderstuhl aus Holz. Für Familien auf dem Land ist bis heute ein männlicher Nachfolger sehr wichtig, denn er wird die Eltern im Alter versorgen.

ZHEJIANG

Eine Familienküche.

Im Gegensatz zur westlichen Küche

werden chinesische Speisen

klein geschnitten und bei großer

Hitze kurz im Wok gegart.

Links: Eine alte Kochstelle aus der Qing-Kaiserzeit

in einem Bauernhaus. In der Wand stehen

Salz und Chili-Öl zum Würzen bereit.

Oben: Vorbereitungen für das Festessen zum

CHUNJIE, dem chinesischen Neujahr.

Oben: Der Hausaltar einer Familie. Links und rechts hängen die Bilder der verstorbenen Großeltern.

Rechts: In der Wäschekammer eines Bauernhauses ist ein Fisch zum Trocknen aufgehängt.

Kommunistische Gottheit: Mao Zedong wacht über der Waschschüssel in einem Wohnhaus. Der 1976 verstorbene Große Vorsitzende wird von vielen Chinesen bis heute als Staatsgründer verehrt.

*Vorangehende Seite:*

*Zwei Männer verbringen den Tag*

*vor einem Dorfkiosk. Viele ältere Chinesen*

*sind die Verlierer der Reformen*

*und leben in Arbeitslosigkeit und Armut.*

Oben: Nach der Arbeit treffen sich

die Männer im Teehaus des Dorfes.

Rechts: Kino gibt es nur in den Städten.

Auf den Dörfern werden manchmal

in den Ahnentempeln Videos gezeigt.

ZHEJIANG

ZANGLI

# TOD IN WEISS

Wenn in China ein Mensch stirbt, müssen die Hinterbliebenen für das Wohl des Toten im Reich der Ahnen sorgen. So verlangt es die Tradition. Deshalb schicken die Verwandten dem Verstorbenen kleine, aus Papier gebastelte Gegenstände ins Jenseits hinterher, indem sie diese verbrennen: kunstvolle Miniaturhäuser, Möbel und Ackerwerkzeug. Das Wichtigste ist jedoch spezielles Papiergeld, das in großen Mengen verbrannt wird. Das Geld soll dem Toten nicht nur ein sorgenfreies Leben ermöglichen. Die Papierscheine benötigt er vor allem, erzählen die Alten, um die »Beamten des Jenseits zu bestechen«.

Kaum ein Ereignis war im traditionellen China so bedeutend wie ZANGLI, die Bestattung; die Totenfeiern großer Familien waren prächtiger und ausschweifender als Hochzeiten. Den Eltern eine würdige Bestattung zu ermöglichen, war für die Söhne einer Familie die edelste Pflicht. Die Trauerzeit dauerte oft mehrere Jahre, und die Zeremonien waren so aufwändig, dass manchmal die Familie am Ende ruiniert war.

Der Ablauf der Trauerzeremonien ist von den Traditionen genau geregelt. Der Sarg wird meist schon Jahre vorher gekauft, der guten Sitte nach ein Geschenk der Söhne an ihre Eltern zu deren 59. Geburtstag. Liegt einer der beiden Eltern schließlich im Sterben, bekommt er die Totenkleidung aus Seide, Hanf oder Leinen angelegt. Das Kleid darf nicht mit Innenfutter ausgelegt sein, weil dies dem Glauben nach den frühen Tod des Sohnes bedeutet. Auch soll das Kleid keine Knöpfe haben, weil sich NUIZI (Knopf) auf Chinesisch genauso anhört wie »die Kinder mit sich fortzerren«. Ist der Tod schließlich eingetreten, beginnen unter Klagen und dem Verbrennen der Papieropfer die Vorbereitungen für die Reise der Seele ins Jenseits. Symbolisiert wird dies durch eine Reisesänfte und eine Reisetasche aus Papier. »SHANG JIAO, BIE WANG LIAO DAZI!« – »Besteig die Sänfte und vergiss die Tasche nicht!«, rufen die Hinterbliebenen. Vor der Einsargung wird der Leichnam ein letztes Mal rituell gewaschen. Noch ein Büschel Baumwolle unter dem Kopf des Toten – es soll verhindern, dass die Familie zu viele Mädchen als Kinder bekommt. Dann versammeln sich alle Nachbarn und Verwandten zu

Oben: Das Symbolgeld und andere aus Papier gebastelte Gegenstände, die der Verstorbene im Totenreich benötigt, werden zu Füßen der Leiche verbrannt.

Unten: Der Dorfkalligraf schreibt Trauerbotschaften, in denen das Leben des Verstorbenen gepriesen wird.

*Vorangehende Seite: Auch im Totenreich braucht man Geld. Die Angehörigen basteln aus Papier symbolische Geldschiffchen, die durch Verbrennen dem Verstorbenen hinterhergeschickt werden.*

*Links: Auf dem Stuhl steht die Totentafel des Verstorbenen, die später in der Ahnenhalle aufbewahrt wird (alle Bilder dieses Kapitels: Provinz Zhejiang).*

einem großen Totenschmaus, und der Sarg wird mit einem Trauerumzug zur Beerdigung getragen.

Über Jahrhunderte wurden Chinesen nach diesen Traditionen zur letzten Ruhe gebettet. Bis 1949. Nach der Machtübernahme verboten Kommunisten die umfangreichen Trauerrituale. Für Mao und seine Anhänger waren die Bräuche Aberglaube und Verschwendung – die Durchschnittskosten für eine Beerdigung hatten 1930 bei drei bis vier Monatsgehältern gelegen.

Mit der offiziellen Begründung, dass China Ackerland sparen müsse, ordneten die Kommunisten Mitte der Fünfzigerjahre die Feuerbestattung an. Obwohl es die chinesische Kultur eigentlich verbietet, dass der Körper verletzt wird, wurden Chinesen fortan verbrannt. 1957 entstand in Peking das erste große moderne Krematorium; der Friedhof ist seitdem für die hohen KP-Kader reserviert. Allen anderen Chinesen blieb nur eine kommunistische Musterbestattung, bei der ein Kader vor der Verbrennung des Leichnams ein paar erbauliche Worte sagte. Oder der Ausweg in die Kriminalität: Bis vor kurzem wurden in den Städten oft Leichname von den Angehörigen aus den Krankenhäusern gestohlen und dann heimlich irgendwo im Garten bestattet.

Mittlerweile hat Peking die Bestimmungen gelockert, und vor allem auf dem Land leben die alten Rituale wieder auf. In den Dörfern ziehen wieder traditionelle Trauergesellschaften durch die Felder.

Die Männer tragen lange, weiße Gewänder. Weiß ist die Farbe der Trauer in China. Einige haben wie früher Tücher aus Sackleinen auf dem Kopf, die sie mit groben Hanfseilen über der Stirn zusammenbinden. Statt einer Sänfte oder Ackerwerkzeug werden heute oft kleine Autos, Kühlschränke und kleine Villen aus Papier verbrannt. China hat sich geöffnet. Und auch das Dasein im Jenseits soll bequemer werden.

*Rechts: Der Opfertisch für den Toten ist gerichtet – Huhn, Schweineschwarte und ein Stück Leber stellen drei Götter dar.*

*Unten: Als Zeichen der Trauer tragen die Familienangehörigen Kleidung aus Sackleinen. Die Söhne müssen eine mehrmonatige Trauerzeit einhalten.*

ZANGLI

Am Sarg werden Opfergaben verbrannt. Früher bekamen Chinesen den Sarg von ihren Söhnen zum 59. Geburtstag geschenkt.

Oben und rechts: Dorfbewohner erweisen dem Toten die letzte Ehre. Den Traditionen zufolge muss das ganze Dorf zur Trauerfeier eingeladen werden. Früher waren Beerdigungen deshalb so teuer, dass ganze Familien dadurch ruiniert wurden. Auf dem Land leben heute die alten Rituale wieder auf.

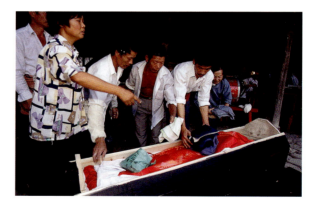

ZANGLI

Oben: Vor der Beerdigung sprechen Angehörige und Priester Gebete. Die Bestattungszeremonien dauern mehrere Tage.

Rechts: Getreide und andere Grabbeigaben werden in den Sarg gelegt.

ZANGLI

Der letzte Weg des Toten:

Auf zwei Bambusstangen wird

der Sarg zum Familiengrab getragen.

In Chinas Städten sind heute nur Feuer-

bestattungen erlaubt, denn es gibt

nach offiziellen Angaben nicht genügend

Platz für Gräber.

ZANGLI

Zur Verabschiedung des Toten werden noch einmal Opfergaben verbrannt und Feuerwerk gezündet.

Links: Grab mit Aussicht.
Damit der Tote einen schönen Blick hat,
liegen die Gräber oft an Berghängen.
Unten: Dem ältesten Sohn fällt die
Aufgabe zu, den Sarg seines Vaters in
das Familiengrab einzumauern.

YUNNAN

*Vorangehende Seite:*

*Ahnentag bei den Bai, einer der*

*ethnischen Minderheiten der Südprovinz*

*Yunnan. Die Bai haben ihre eigenen*

*Bräuche und eine dem Tibetischen*

*ähnliche Sprache.*

*Oben: Holztüren eines Bauernhauses in*

*Dali. Die geschnitzten Fenster wurden*

*herausgerissen und durch Pappkartons*

*ersetzt.*

Yunnan, das Land südlich der Wolken, nennen die Chinesen die Provinz an der Grenze zu Laos und Birma. Von hier aus erstreckt sich der Anfang eines der größten natürlichen Urwaldgebiete Asiens. Bis nach Nordthailand und Vietnam wuchern auf Millionen von Hektar seltene Tropenhölzer wie Teak, Mahagoni, Sandelholz und Kampfer. Eine Oase für Affen, Nashornvögel, Pythonschlangen und Elefanten, die hier bis heute in freier Natur leben. Yunnan ist anders als das restliche China. Die Luft riecht süßer, die Vegetation ist üppiger. Yunnan – das sind die Tropen der Volksrepublik. Aus allen Teilen Chinas reisen jedes Jahr Urlauber in das Gebiet im tiefen Süden.

Die Südchinesen sind ein sonderbares Volk – sagen die Nordchinesen. Sie gelten als geschäftstüchtig und fleißig und sind für die Menschen aus dem Norden manchmal ein bisschen zu strebsam. Der Yangzi-Fluss ist für die Chinesen die Nord-Süd-Scheide. Südlich des großen Flusses gibt es in den Häusern keine Heizungen, selbst wenn es im Winter manchmal bitter kalt wird. Als Deng Xiaoping Ende der Siebzigerjahre mit seinen Reformen begann, waren es die Südchinesen, die als Erste seinem Beispiel folgten. Als in Kanton und Shenzhen schon Industrieparks und Hochhäuser aus dem Boden wuchsen und die Menschen

# SÜDLICH DER WOLKEN

westliche Kleider anzogen, trug man im Norden weiter die blauen Maoanzüge und diskutierte Ideologien.

Die Menschen der Provinz Yunnan, in der neben Han-Chinesen, die die Mehrheit der Bevölkerung in China ausmachen, vor allem ethnische Minderheiten wohnen, sind keine Ausnahme. Um das Geschäft mit dem Tourismus auszubauen, wurden in den vergangenen Jahren planlos Hotels, Flughäfen und Einkaufszentren aus dem Boden gestampft. Städte wie Lijiang und Dali, die einst Besucher mit ihrer Ruhe und Einsamkeit verführt hatten, wurden zu Zentren des Massentourismus. Allein nach Xishuangbanna, dem Herzstück des Urwaldgebietes von Yunnan, kommen jedes Jahr zwei Millionen Besucher, doppelt so viele wie die einheimische Bevölkerung. Immer neue Hotelburgen werden für die Reisegruppen errichtet. Aus Sichuan und anderen Bauernprovinzen ziehen junge Mädchen nach Yunnan, um die angereisten Männer zu unterhalten. Volksgruppen wie die Bai tragen ihre Tracht in den Städten fast nur noch, wenn sie als Folkloretänzer in den Hotels auftreten.

Einst waren die Bai ein mächtiges Volk. Heute haben sie sich von den Städten und der chinesischen Zivilisation weitgehend zurückgezogen. Erst war es der Kautschuk. Als Mao Zedong 1958 den Großen Sprung nach vorne startete, ließen Pekings Wirtschaftsplaner in Yunnan riesige Gummiplantagen anbauen. Die Monokulturen laugten den Boden aus. Dann kam die Industrie. Um das bäuerliche Yunnan zu entwickeln, schickte Peking zügeweise Han-Chinesen in das Gebiet. Die Bevölkerung wuchs, die Städte breiteten sich aus, immer tiefer frästen sich die Asphaltstraßen in die Urwaldgebiete. Seit 1949 halbierte sich der natürliche Waldbestand in Xishuangbanna.

Die Bai hatten über Jahrhunderte in einer Symbiose mit dem Wald und der Natur gelebt. Wie die anderen Volksgruppen, die Dai, die Lahu und die Wa, haben sie ihre Dörfer tief in den Wäldern in unzugänglichen Gebieten versteckt. Es ist ein langer, beschwerlicher Weg, um zu ihnen zu gelangen, und genau das schützt sie. In ihren Dörfern ist die Zeit stehen geblieben. Die Häuser sind wie früher aus Holz gebaut. In den Tempeln beten die Menschen zu den alten Volksgöttern. Die Frauen der Bai tragen ihre traditionellen Schürzen-Trachten, Männer rauchen Metallpfeifen. Am Rand jeden Dorfes, entlang des Flusslaufes, steht ein dichter, alter Wald. Den »Geisterwald« nennen ihn die Bai, weil er sie vor bösen Einflüssen schützen soll.

Innenhof eines Bauernhauses.

Die Mutter wäscht der Tochter das Haar.

Bis zur Heirat leben die Kinder der Bai

mit ihren Eltern.

Ein Dorf der Bai-Minderheit.

Ihr Königreich beherrschte einst den

größten Teil der Provinz Yunnan.

Heute haben sie sich von den Städten

und der chinesischen Zivilisation

weitgehend zurückgezogen.

YUNNAN

Vorangehende Seite:
Eine alte Bai-Frau vor
ihrem Hauseingang.
Früher lebten die Bai
in Polygamie.

Erinnerungen an die Kaiserzeit.
Das Pflaster der Xifang-Gasse,
einer alten Straße bei Dali,
stammt noch aus der Zeit
der Ming-Dynastie.

Traditionelle Architektur:
Die Häuser der Bai werden von
hölzernen Säulen, die auf einem
Steinsockel stehen, gestützt.
Die Bauweise ist so stabil,
dass sie leichte Erdbeben
unbeschadet überstehen.

Damenwäsche im Straßenverkauf:
Marktstand eines Dorfes in der Nähe
von Dali. Viele der alten Märkte sind
heute durch moderne Kaufhäuser ersetzt.

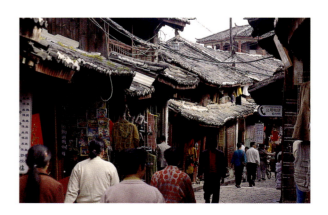

YUNNAN

Eine Bäuerin in Dali treibt zwei Schweine zum Schlachten.

Landwirtschaft und Viehzucht sind in Yunnan die wichtigste Erwerbsquelle.

Folgende Seite: Narben der Kulturrevolution –

die Holzverzierungen in den Türfenstern

dieses Bauernhauses wurden von Rotgardisten

herausgebrochen. Wie viele der alten Wohnhäuser

steht das Gebäude vor dem Verfall.

YUNNAN

Kochstelle im Innenhof eines Wohnhauses.
Die Küche von Yunnan ist vergleichsweise mild. Berühmt sind der süße Reis und Wildgerichte.

Nudelfabrik in Dali. In dem tropischen Klima werden die Teigwaren mit Ventilatoren getrocknet.

Folgende Seite: Improvisiertes Glück — ein alter Mann hat seinen Wohnraum mit Zeitungspapier tapeziert.

FUJIAN

Oben: Alte Festungen – die Rundhäuser wurden einst von der Minderheit der Hakka errichtet.
Vorangehende Seite: Eine Frau trägt die Reisernte nach Hause.

FUJIAN

# DAS LEBEN IST EIN KREIS

Das Leben ist ein großer, runder Kreis. Zumindest für die Menschen in Yongding, einem Landstrich im Süden der chinesischen Provinz Fujian. Ihre Häuser sind rund, kreisrund. Wie riesige Wagenräder liegen die erdbraunen Häuser in der Landschaft. Von oben, so erzählt man in Yongding gerne, wurden die zylindrischen Bauten von US-Aufklärungssatelliten schon einmal mit Abschussbasen für chinesische Raketen verwechselt.

Dabei sind die Rundhäuser alt. TU LOU, Erdhäuser, nennen die Bewohner ihre eigenartigen Gebäude. Die festungsartigen Außenmauern sind nur aus gepresster Erde errichtet. Rund 360 dieser Rundhäuser gibt es bis heute, jedes so groß wie ein Dorf. Bis zu 400 Menschen leben unter einem Dach. Jedes Haus besteht aus zwei oder drei ineinander liegenden Gebäuderingen, die nach innen mit einer Holzveranda und schindelbedeckten Dächern ausgebaut sind. In jedem Segment eines Kreises – gleich einem Kuchenstück – wohnt eine Großfamilie.

Alle Wohnungen in einem Haus sind im Aufbau gleich. In den beiden unteren, fensterlosen Stockwerken sind Küche und Vorratsräume für Reis und Ackergeräte untergebracht. Oben wohnen die Menschen. Warm im Winter und kühl im Sommer sei es, berichten die Bewohner, aber auch eng. Hühner und Schafe leben Haut an Fell mit den Menschen zusammen. Um hinaus auf das offene Feld zu gelangen, muss man durch eines der drei kleinen Tore des Rundhauses klettern.

Die Erdhäuser wurden einst von der Volksgruppe der Hakka errichtet. »Gäste« heißt deren Name übersetzt. Vor Jahrhunderten sind sie vom Norden nach Fujian gezogen; die Rundhäuser entwickelten die Hakka als Festungen gegen Feinde und Überfälle. Manche der Häuser hatten ausgeklügelte Verteidigungsstrukturen wie etwa ein Bewässerungssystem für die Außentore, das Schutz vor Brandbomben bot. Während des Bürgerkrieges in den Zwanzigerjahren, erzählt man in Yongding, hätten kommunistische Truppen einmal in einem Rundhaus Unterschlupf gesucht. Tagelang hätten die gegnerischen Guomindang-Verbände vergeblich versucht, die Erdfestung zu stürmen, ehe sie unverrichteter Dinge wieder abgezogen seien.

Im CHENGQI, einer riesigen Erdfestung mit 70 Metern Durchmesser, leben bis heute mehr als 300 Menschen. Die Bewohner stammen alle aus einem Klan und tragen den gleichen Familiennamen Jiang – nach dem Erbauer Jiang Jicheng aus der 15. Generation. Drei Jahre habe der Bau des Hauses gedauert und jeder Tag sei sonnig gewesen, berichtet Jiang Cunzhong von der 25. Generation.

Die Sonne war bei der Konstruktion der Erdhäuser von entscheidender Bedeutung. Weil die Wände nur aus getrockneter Erde gepresst wurden, konnte eine plötzliche Regenperiode die Mauern einstürzen lassen. Der Boden musste trocken und stabil sein. Normalerweise wurde der

*Mühselige Feldarbeit.*

*Von der Landwirtschaft können die Menschen nur schlecht leben. Die Jugend zieht in die Städte, weil es auf dem Land immer weniger Arbeit gibt.*

142

FUJIAN

Platz von einem Geomanten ausgewählt. Ein komplexes System aus Holzpfosten und Balken stützt das Fundament ab. Beim Bau wurden die Mauern zunächst schief errichtet. Durch den Lauf der Sonne wurden sie ungleich getrocknet und richteten sich so automatisch senkrecht auf. Die Konstruktion erwies sich als so stabil, dass die Erdhäuser sogar Erdbeben unbeschadet überstanden.

Auch heute sind es nicht Kriege oder Naturkatastrophen, die den Erdhäusern zu schaffen machen – es ist die Konjunktur. In Yongding fehlt es an Arbeit, und so verlassen immer mehr junge Hakka die Rundhäuser, um in die Städte zu ziehen. Im ZHENCHENG-Rundhaus, in dem vor hundert Jahren 200 Menschen wohnten, leben heute nur noch 36. »Keiner ist hier jünger als vierzig«, sagt der Wachmann Lin.

Das jüngste Rundhaus, das QIAOFU, wurde Anfang der Sechzigerjahre errichtet. Die örtlichen kommunistischen Kader waren damals der Ansicht, dass das Rundhaus eine moderne Form des kollektiven Wohnens sei, und setzten einen Roten Stern über den Eingang. Seitdem wurde kein Erdhaus mehr gebaut. In den Erdfestungen stehen immer mehr Räume leer, die Mauern werden feucht und brüchig. Irgendwann werden sie in sich zusammenfallen. Erde zu Erde – auch das ist ein Kreis.

Links: TU LOU, Erdhäuser, nennen die Chinesen die Rundhäuser. Die Bauweise ist kompliziert. Die Erdmauern werden erst absichtlich schief gebaut, später richten sie sich beim Trocknen in der Sonne auf.

Oben: Von diesem Rundhaus stehen nur noch Ruinen. Die Holzbalken markieren die früheren Stockwerke.

FUJIAN

FUJIAN

Der Mittelgang eines Rundhauses, das aus mehreren Wohnringen besteht. Die Rußflecken stammen von den Küchen im Erdgeschoss. *Vorangehende Seite:* Reis wird auf dem Dach eines Neubaus getrocknet. Die Kinder helfen beim Auslegen.

Häuser so groß wie ein Dorf. In einem TU LOU lebten einst bis zu 400 Menschen unter einem Dach. Heute stehen viele der alten Rundhäuser leer.

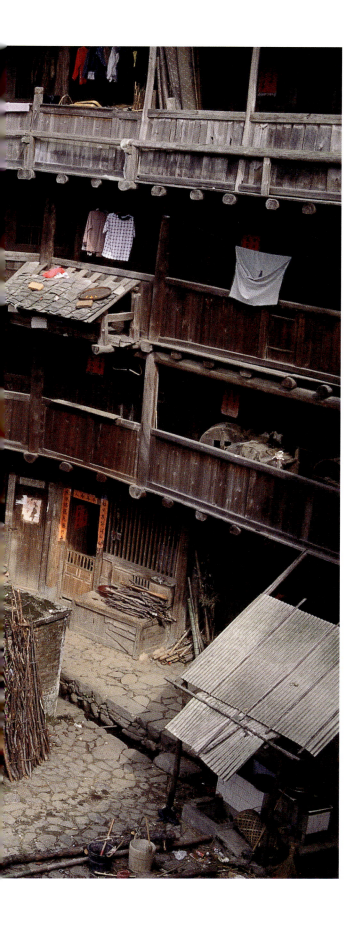

Beengte Nachbarschaft: Das Leben spielt sich im großen gemeinsamen Innenhof des Rundhauses ab. Die Wohnungen sind für alle Familien gleich geschnitten.

Unten: Das Reislager für den Winter wird aufgefüllt.

丹鶴於今更壽康

FUJIAN

Eine Bäuerin im Getreidelager.

Die Feldarbeit bringt nur noch wenig Verdienst;

viele Familien ziehen deshalb weg.

Erntezeit. Auf großen Strohmatten

vor den Häusern trocknen die Bauern den Reis.

FUJIAN

Eng und stickig:

Platz ist in den Rundhäusern rar.

Jeder Zentimeter wird deshalb

ausgenützt.

Postergalerie: Popstars aus Hongkong

und der verstorbene KP-Führer

Deng Xiaoping zieren das Wohnzimmer

einer jungen Bauernfamilie.

Sonntagschic:

Zwei junge Männer tragen Anzüge,

die etwas zu groß sind.

An den Ärmeln sind noch die Etiketten

der Modefirma angenäht.

Zwei alte Steingewichte.

Mit ihnen wird der eingelegte Kohl

in Tonkrüge gepresst.

Rechts: Festliche Farbe –

zur Feier eines neugeborenen Sohnes

werden Eier rot gefärbt

und im Dorf verteilt.

Unten: Melone als Erfrischung.

Gegenüberliegende Seite: Süßkartoffeln

werden in einem Bastkorb gelagert.

Vorbereitung eines Neujahrsessens. Zu CHUNJIE, dem Neujahrsfest, kochen chinesische Familien viele und aufwändige Gerichte. Die Wohnung darf am Neujahrstag dem Brauch zufolge nicht gefegt werden – man könnte ja »das Glück mit aus dem Haus fegen«.

Zwei Kerzen für den Küchengott. Vor dem Festmahl zum Neujahrsfest wird in den Familien auch der Ahnen gedacht. Folgende Seite: Familientreffen. Jedes Jahr reisen mehr als 100 Millionen Chinesen aus Anlass des Neujahrsfests zurück in ihre Dörfer.

Der Schweinskopf spielt beim chinesischen Neujahrsfest eine wichtige Rolle. Er wird zu Ehren der Vorfahren auf den Hausaltar gelegt und anschließend gegessen.

FUJIAN

Zhu tou rou, Schweinskopffleisch, ist in der chinesischen Küche eine Spezialität. Der Kopf wird stark gewürzt und im Topf geschmort.

Improvisierte Küche: Kohlblätter werden in der Wohnung zum Trocknen ausgelegt.

Ein Mao-Porträt über der Waschstelle eines Wohnhauses. Obwohl viele Chinesen unter Maos Herrschaft litten, wird der Große Vorsitzende im Volk weiter verehrt.

FUJIAN

*Verfallende Monumente.*

*Viele Rundhäuser sind von den Bewohnern verlassen und verrotten. Auf der Suche nach Arbeit ziehen die Menschen in die Städte und in die Fabriken an der Küste.*

*Zurück bleiben die Alten.*

*Diese Frau wurde in dem Rundhaus geboren. Obwohl das Haus halb verfallen ist, will sie hier nicht weg.*

*Folgende Seite: Mauern aus Staub. Die vernachlässigten Rundhäuser fallen in sich zusammen. Die Provinzregierung von Fujian will einige der Rundhäuser nun als Kulturdenkmäler erhalten.*

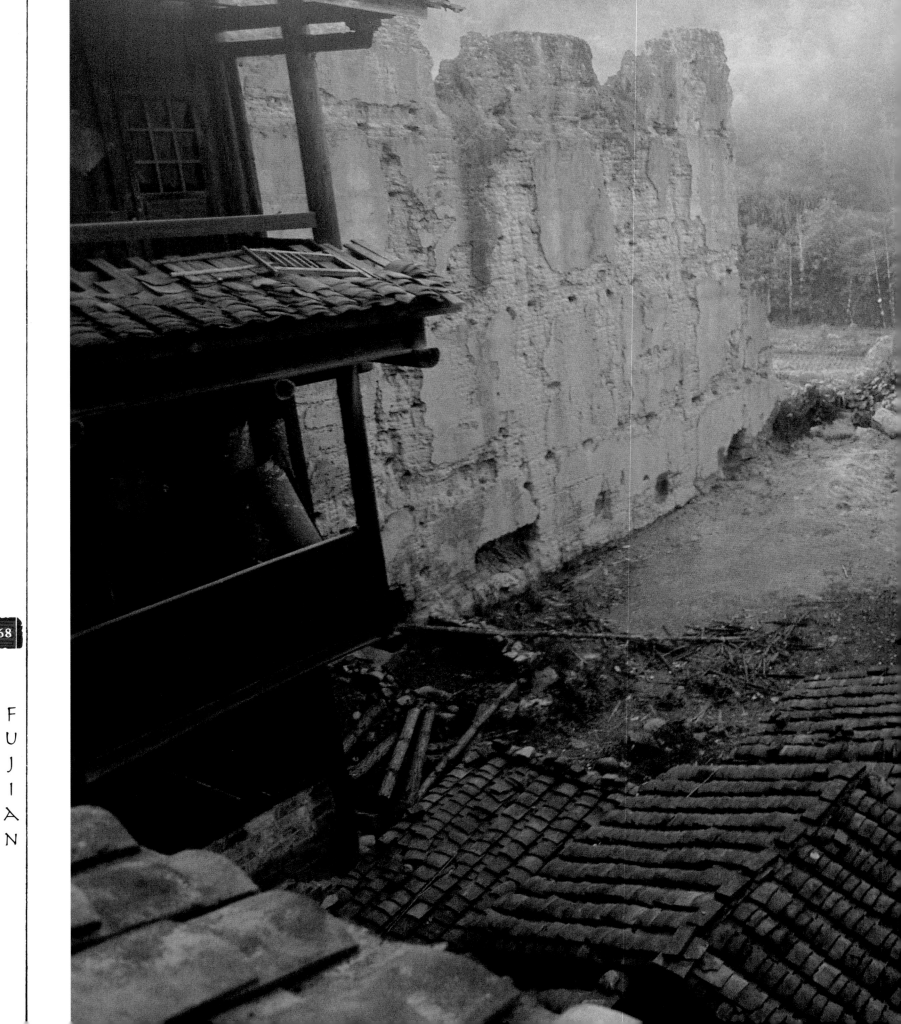

PORTRÄTS II

# MENZIUS UND MC DONALD'S

Fragt man in Peking nach dem Weg, bekommt man häufig Antworten wie »am McDonald's rechts« oder »gegenüber vom Starbucks«. Westliches Fastfood und amerikanische Kaffeehausketten gehören in China heute zum Alltag. In Shanghais Einkaufsstraßen sieht man die gleichen Geschäfte wie in New York, Berlin oder Tokio. Junge Chinesen tragen ausgebeulte Rapper-Jeans, kennen die Hits der US-Charts und träumen von einer Sega-Spielkonsole. Die Jugend verwestlicht, schimpfen die Alten. Chinas Kultur geht unter, warnen die Intellektuellen.

Was heißt es eigentlich, ein Chinese zu sein? Für die Menschen in ZHONG GUO, dem Reich der Mitte, ist diese Frage relativ neu. Jahrtausende war China für die Menschen das Zentrum der Welt. Das Kaiserreich war nicht nur die größte, sondern im Grunde die einzige Zivilisation. Schießpulver, Seide, Kompass – die wichtigsten Erfindungen stammten aus China. Von anderen Völker wusste man wenig und bezeichnete sie hochnäsig als Barbaren. Erst im 19. Jahrhundert, nachdem China den Opiumkrieg verloren hatte und ausländische Kolonialmächte erstmals in das Land eindrangen, machten sich Chinas Intellektuelle Gedanken über ihre nationale Identität, über das Chinesischsein.

Chinesen sind höflich, sagt man im Westen. Dass die Aussage ein Klischee ist, weiß jeder, der einmal versucht hat, im Berufsverkehr einen öffentlichen Bus zu besteigen. Richtiger müsste es vielleicht heißen: Chinesen sind begabte Taktierer.

»Die chinesische Kultur ist eine Kultur der Schwachen«, schreibt der Soziologe Sun Logji in seinem Buch »Die Tiefenstruktur der chinesischen Mentalität«: »Das Weiche überwindet das Harte, die Stille beherrscht die Bewegung, ein Schritt zurück, um weiterzukommen, wer nehmen will, muss geben, wer fangen will, muss loslassen.« Laozi sagt: »Nichts in der Welt ist weicher und schwächer als das Wasser, doch in der Art, wie es Hartem zusetzt, kommt ihm nichts gleich.«

HE XIE, das Streben nach Harmonie, gilt als der vornehmste Wesenszug eines gebildeten Chinesen. Der Anspruch ist in der Praxis oft null und nichtig: Auch in chinesischen Bars prügeln sich betrunkene Männer. Nach der reinen Lehre sollen Chinesen sich jedoch bemühen, Konflikten aus dem Weg zu gehen. Im alten »Buch von Maß und Mitte« heißt es:

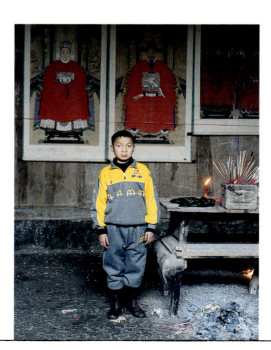

*Zukunft und Vergangenheit:*

*Drei junge Mädchen vom Dorf*

*(vorangehende Seite)*

*und ein altes Bauernehepaar*

*(Provinz Fujian).*

*Zum Neujahrsfest posiert*

*ein Junge mit seinem neuen Trainings-*

*anzug vor dem Ahnentempel*

*seiner Familie (Provinz Zhejiang).*

Großstadtträume:
Ein Dorffotograf und sein Sohn
vor einer Hochhauskulisse seines Studios
(Provinz Fujian).

»Kommen keine Gefühle der Freude, des Zorns, der Trauer oder des Glücks auf, kann man von einem Zustand der Ausgeglichenheit sprechen. ... Die Ausgeglichenheit ist die große Urwurzel, aus der alle menschlichen Handlungen wachsen.« Harmonie zu wahren gilt es vor allem in der Familie. Kinder sind zum Gehorsam ihren Eltern gegenüber verpflichtet, die Eltern den Großeltern gegenüber. »Es gibt drei Arten des Ungehorsams gegenüber den Eltern«, schrieb der Philosoph Menzius im vierten vorchristlichen Jahrhundert. »Deren schlimmste ist, keine Nachkommen zu zeugen.«

Menzius und McDonald's – irgendwo dazwischen bewegen sich die Chinesen. Weil es die Pflicht eines jeden Mannes ist, einen Sohn zu zeugen, werden noch immer Mädchen abgetrieben oder nach der Geburt getötet. Auf dem Land wählen die Eltern den richtigen Ehepartner für Sohn oder Tochter aus. In den Städten entdecken die Menschen neue Freiheiten: Emanzipation, Wohngemeinschaften, wilde Ehen, freie Liebe – im Schnelldurchgang werden Tabus gebrochen und Grenzen neu abgesteckt. Nachts tanzt die Jugend zu Rap und Techno aus dem Westen. Ist das unchinesisch? Vielleicht kommt es nur auf die Betrachtungsweise an. Im »Buch der Riten« heißt es: »Menschlichkeit und Musik liegen nahe beieinander.«

Westlicher Einfluss:
Zwei junge Chinesinnen
vom Land im Kunstlederdress
(Provinz Fujian).

176

PORTRÄTS II

PORTRÄTS II

178

Chinesische Generationen.

Links: Ehefrauen in Pink –
zwei Freundinnen führen ihre neuen
Mäntel aus (Provinz Zhejiang).

Vorangehende Seite: Ein Bauer aus
Zhejiang und ein junger Falkenzüchter
aus Lijiang. Mit den Raubvögeln werden
die Ratten von den Reisfeldern gejagt
(Provinz Yunnan).

Ein alter Mann im Winter.
In der Hand hält er einen TANG POZI,
einen Metallkorb mit glühenden Kohlen,
um sich die Hände zu wärmen
(Provinz Fujian).

Feiertagszigarette: Drei Jungbauern genießen die Feiertage aus Anlass des Neujahrsfests (Provinz Zhejiang).

Rechts: Frauen der Bai-Minderheit (Provinz Yunnan). Auf dem Land leben die Alten mit den Familien ihrer Kinder. In China wird verlangt, dass sich die Menschen ein Leben lang den Eltern unterordnen.

Folgende Seiten: Frauenbilder. Die Bäuerin aus Yunnan (Seite 182) erlebte in ihrem Dorf den Terror der Kulturrevolution. Die junge Frau aus Shanghai (Seite 183) arbeitet als Stewardess und ist zum Neujahrsfest zurück in ihr Heimatdorf in der Provinz Zhejiang gereist.

EPILOG

EPILOG

Großer Sprung in die Moderne.

Oben: Eine Neubausiedlung in Chengdu,

der Provinzhauptstadt von Sichuan.

Rechts: Ein altes Haus mit modernem

Anbau in Zhejiang.

Vorangehende Seite: Der »Bund« —

die Uferpromenade von Shanghai.

# CHINA IM WANDEL

China ist im Umbruch, ein Milliardenvolk hat zum Großen Sprung in die Moderne angesetzt. Hochhäuser verdrängen die alten Stadtteile, auf dem Land werden die Tempel abgerissen, Traditionen geraten in Vergessenheit. Zwei Jahrzehnte Wirtschaftsreformen haben China radikaler verändert als Maos Kulturrevolution. Damals hatte der Große Vorsitzende seine jugendlichen Rotgardisten mit Spitzhacken und Hämmern durch die Provinzen geschickt, um mit der alten Architektur auch die chinesische Denkweise und Zivilisation auszulöschen. Jeder alte Drachenkopf galt als ein Stück Bourgeoisie, jeder Tempel als ein Hort der Konterrevolutionäre.

Heute ist es die Macht des Marktes, die das alte China zerstört. Pekings Hofhäuser werden abgerissen, weil der Boden in der chinesischen Hauptstadt ein Vermögen wert ist. Die hölzernen Haustempel von Zhejiang verschwinden, weil Mauern aus Beton billiger und haltbarer sind. Es sind die gleichen Fehler, die man vor nicht langer Zeit in Europa machte, als man den Stuck aus den Altbauwohnungen schlug. Wer könnte den Chinesen einen Vorwurf machen?

Das alte China verschwindet. Irgendwann werden die letzten Rundhäuser von Fujian von ihren Bewohnern verlassen und verrottet sein. Neue Straßen werden sich weiterhin durch die Pekinger Altstadtgassen fräsen. Im mittelalterlichen Pingyao wird man vielleicht eines Tages mehrstöckige Hotels bauen, um Platz für die anreisenden Touristen zu schaffen.

Doch die Einstellung zur eigenen Kultur ist im Wandel begriffen. Mit dem Wohlstand entdecken die Chinesen ihre Wurzeln wieder. Galten die alten Häuser bis vor kurzem als ein Zeichen für Rückständigkeit und Armut, versuchen viele, sie heute zu schützen. Als die Pekinger Stadtverwaltung jüngst ein denkmalgeschütztes Hofhaus aus der Ming-Dynastie abreißen wollte, um Platz für ein neues Einkaufszentrum zu schaffen, unterstützten erstmals Studenten und Journalisten die Anwohner im Streit mit den Behörden. In Shanghai gründete sich eine Bürgergruppe, um den Abriss der kolonialen Altbauten zu verhindern. Fotografen wie der Pekinger Li Yu Xian reisen durch das Hinterland, um die noch erhaltenen

*Abriss: Die Altstadt von Suzhou, einst »Venedig des Ostens« genannt, wird für die Modernisierung zerstört (Provinz Jiangsu).*

Dorftempel und kaiserliche Gebäude zu dokumentieren.

Noch sind es einzelne Beispiele, aber sie machen Hoffnung. In Peking haben Künstler und wohlhabende Chinesen begonnen, Hutong-Gassen wieder herzurichten. In Hofhäusern sind Restaurants und Geschäfte entstanden. Die Marktwirtschaft hat Chinas alte Baukunst beinahe zu Grunde gerichtet – und der Markt rettet sie. Handwerker studieren wieder die traditionellen Bautechniken, mit denen sie die alten Gebäude herrichten. Steinmetze schnitzen Löwenfiguren, die wie früher die Hauseingänge bewachen. Tischler bauen Dachstühle aus Holz, auf denen geschwungene Dächer thronen. Chinas Großer Sprung geht weiter. Auf ihrer Entdeckungsreise in die Moderne sind die Chinesen am Ursprung angekommen – bei ihrer eigenen Kultur.

*Bilder wie nach einem Krieg. Über Nacht verschwinden in China, wie hier in Kanton (Provinz Guangdong), alte Stadtviertel. An der Stelle sollen Hochhäuser und Einkaufshallen errichtet werden.*

EPILOG

Warten auf den Zusammensturz.
Wie so oft fehlt auch
dieser Familie das Geld,
um ihr altes Haus zu erhalten.
Sie spart stattdessen
auf einen Neubau aus Beton.
Betonbauten sind nicht nur billiger,
sonder gelten auch als zeitgemäß
(Provinz Zhejiang).

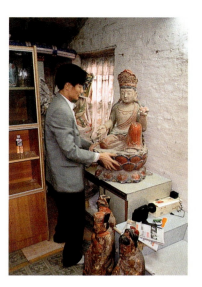

Wiederentdeckung der eigenen Kultur.
Wohlhabende Familien in den Städten
wie diese in Peking dekorieren ihre
Wohnungen immer häufiger mit
chinesischen Antiquitäten, nicht mehr
mit Möbeln westlichen Stils.

Ein geplünderter Tempel. Den Gottheiten
in diesem taoistischen Tempel bei Wenzhou
wurden die Köpfe abgeschlagen
(Provinz Zhejiang).

Oft werden geraubte Kultur-
gegenstände auf Märkten
und ins Ausland verkauft.

# IMPRESSUM

Die Bilder der Titelei:

Im Haus eines Bauern
(Fujian, Seite 2)
Familienaltar eines Rundhauses
(Fujian, Seite 3)
In der Altstadt von Guangzhou
(Guangdong, Seite 4)
Plakatwand in einem Wohnhaus
(Fujian, Seite 6)
Kürbislager in einer Höhlenwohnung
in Yanan (Shaanxi, Seite 7).

Tief in den Blumen

Land der gelben Erde

Spur der antiken Stadt

Ort der Pfirsichblume

Normale Leute

Land des Reis und Fisches

Ewigkeit

Die Deutsche Bibliothek – CIP-Einheitsaufnahme
Ein Titeldatensatz für diese Publikation ist bei
Der Deutschen Bibliothek erhältlich

Copyright © 2001 für die deutschsprachige Ausgabe
Frederking & Thaler Verlag, München
in der Verlagsgruppe Random House GmbH
www.frederking-und-thaler.de

Alle Rechte vorbehalten

Fotos: Michael Wolf, Hongkong
Text: Harald Maass, Peking
Lektorat: Daniela Weise, München
Herstellung: Büro Caroline Sieveking, München
Umschlaggestaltung, Gesamtlayout und Karte:
Petra Dorkenwald, München
Lithografie: Novaconcept Kirchner GmbH, Berlin
Druck und Bindung:
Passavia Druckservice GmbH, Passau

Glückliches Neujahr

Einfach zufrieden zu stellen

Das Volk

Die Dinge des Lebens

verschwinden wie ein

Fluss

Printed in Germany

ISBN 3-89405-455-7

Der ganze oder teilweise Abdruck und die elektronische oder mechanische Vervielfältigung gleich welcher Art sind nicht erlaubt. Abdruckgenehmigungen für Fotos und Text in Verbindung mit der deutschsprachigen Buchausgabe erteilt der Frederking & Thaler Verlag.

Süden der

farbigen Wolke

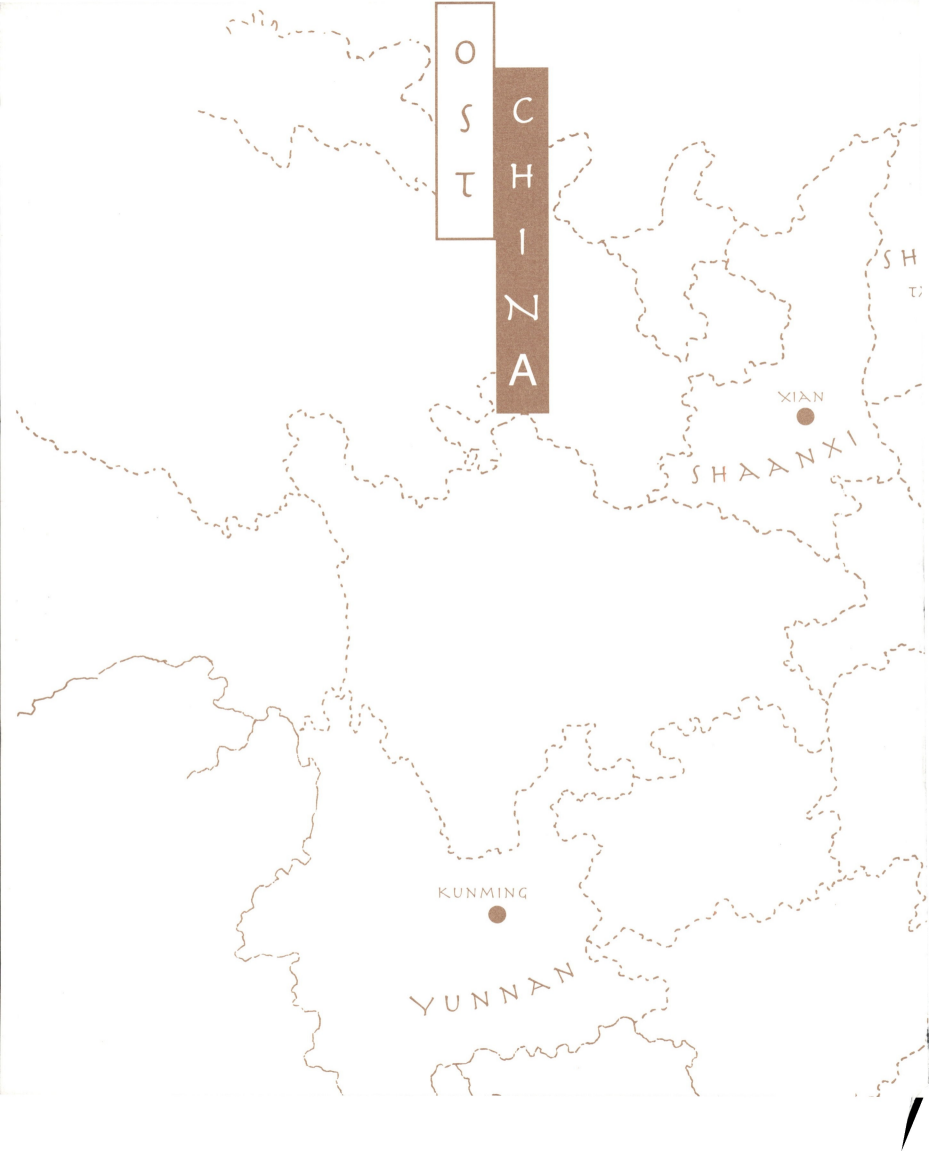